Julia Dietrichs

Virtual Community und Community Engineering

GRIN - Verlag für akademische Texte

Der GRIN Verlag mit Sitz in München hat sich seit der Gründung im Jahr 1998 auf die Veröffentlichung akademischer Texte spezialisiert.

Die Verlagswebseite www.grin.com ist für Studenten, Hochschullehrer und andere Akademiker die ideale Plattform, ihre Fachtexte, Studienarbeiten, Abschlussarbeiten oder Dissertationen einem breiten Publikum zu präsentieren.

Dokument Nr. V183208 aus dem GRIN Verlagsprogramm

Julia Dietrichs

Virtual Community und Community Engineering

GRIN Verlag

Bibliografische Information der Deutschen Nationalbibliothek: Die Deutsche Bibliothek verzeichnet diese Publikation in der Deutschen Nationalbibliografie; detaillierte bibliografische Daten sind im Internet über http://dnb.d-nb.de/ abrufbar.

1. Auflage 2010
Copyright © 2010 GRIN Verlag GmbH
http://www.grin.com
Druck und Bindung: Books on Demand GmbH, Norderstedt Germany
ISBN 978-3-656-07478-6

„Virtual Community und Community Engineering"

Hausarbeit
zur Veranstaltung
„Collaboration Engineering"

Universität Kassel
Fachbereich Wirtschaftswissenschaften

vorgelegt von
Julia Dietrichs

Kassel, Februar 2010

I. Inhaltsverzeichnis

II. Abbildungsverzeichnis

III. Tabellenverzeichnis

1. Einleitung

Das Internet wird zu einem immer bedeutenderen Teil in unserem Leben. Laut einer Pressemitteilung des Statistischen Bundesamtes vom 03.12.2009 besitzen 73% der privaten Haushalte einen Internetzugang, somit ist die Zahl von 27 Millionen Haushalten in 2008 auf 29 Millionen in 2009 und damit um vier Prozentpunkte zum Vorjahr gestiegen. (vgl. Statistisches Bundesamt 2009)

Der Begriff Web 2.0 macht die tiefgreifenden Veränderungen des Internets deutlich. Internetnutzer sind nun nicht mehr nur Konsumenten sondern auch Prosumer, das heißt auch Autoren. Grundlage dieser Art des Informationsaustausches bieten Genre der Social Software, worunter man „Foren, Instant Messaging, Wikis, Blogs, Social Bookmarking und Social Networking" zählen kann. (Stieglitz 2008, 1)

So erfreuen sich neben dem Online-Shopping, dessen Nutzung bei privaten Nutzern immer weiter zunimmt und von 2007 auf 2008 um sieben Prozentpunkte auf 51 Prozent gestiegen ist (vgl. Statistisches Bundesamt 2008), auch Virtual Communities steigender Beliebtheit und Bedeutung. Jedoch werden in diesem Zusammenhang nur wenige empirische Studien durchgeführt (vgl. Stieglitz 2008, 138). Dabei ist zu beachten, dass Virtual Communities nicht nur in ihrer Anzahl immer stärker zunehmen, sondern auch hinsichtlich ihrer Mitgliederzahl. Viele Internetnutzer sind nicht nur Mitglied in einer Community, sondern teilweise auch in mehreren. (vgl. Stieglitz 2008, 2)

Im Rahmen dieser Hausarbeit soll das Geschäftsmodell der Virtual Community anhand zweier Fallstudien näher erläutert werden.

In **Kapitel 2** werden zunächst die Begriffe der Virtual Community und der Fallstudie definiert, sowie das dazugehörige Geschäftsmodell zum Aufbau von Virtual Communities erläutert. Anhand dieser Grundlagen werden in **Kapitel 3** nun zwei Fallstudien vorgestellt und untersucht. Dabei handelt es sich zum einen um ein Lernnetzwerk der Universität Potsdam, zum anderen um das Expertennetzwerk der Börse Berlin AG.

In **Kapitel 4** wird eine abschließende Betrachtung gegeben und die Erfolgsaussichten von Virtual Communities bewertet.

2. Definitorische Grundlagen

2.1. Der Begriff der Virtual Community

Schaut man sich die gängige Literatur zu diesem Thema an, findet man die unterschiedlichsten Definitionen. Im Rahmen dieser Arbeit sollen nur einige dieser Definitionen aufgezeigt werden. Dabei wird deutlich, dass die jeweilige Auslegung der Definitionen von der jeweiligen Perspektive abhängt.

So definiert Döring (Leimeister, Krcmar 2003, 48 nach Döring 2001) den Begriff der Virtual Community aus sozialpsychologischer Sicht und sieht sie als „Zusammenschluss von Menschen mit gemeinsamen Interessen, die untereinander mit gewisser Regelmäßigkeit und Verbindlichkeit auf computervermitteltem Wege Informationen austauschen und Kontakte knüpfen."

Für die geschäftliche Nutzung bedeutet dies, dass Virtual Communities Gruppen von Menschen sind „with common interests and needs who come togehter on line. Most are drawn by the opportunity to share a sense of community with like-minded strangers, regardless of where they live. But virtual communities are more than just a social phenomenon. What starts of as a group drawn together by common interests ends up as a group with a critical mass of purchasing power, partly thanks to the fact that communities allow members to exchange information on such things as a product's price and quality." (Leimeister 2003, 48 nach Hagel III 1997, 143)

Laut Leimeister (2003, 48) wird eine Virtual Community wie folgt definiert: „Eine Virtual Community ist eine besondere Form von Gemeinschaft und damit eine Unterart sozialer Gruppen. Sie ist ein Zusammenschluss von Menschen mit einem Bedürfnis nach Information und Interaktion oder dem Bedürfnis, eine spezifische Rolle in einer Gemeinschaft auszufüllen. Grundlage und verbindendes Element ist eine Idee oder ein Ziel, das auf Basis von impliziten oder expliziten Verhaltensregeln verfolgt wird. Die Interaktion wird durch eine technische Plattform vermittelt und unterstützt, die den Aufbau von Vertrauen und einem Gemeinschaftsgefühl auch ohne die unmittelbare physische Präsenz der Gemeinschaftsmitglieder ermöglicht. Zusammen mit dem technischen Subsystem, bestehend aus der Plattform des Community-Systems und der Infrastruktur des Internet, bilden virtuelle Gemeinschaften damit interdependente soziotechnische Systeme."

2.2. Definition einer Fallstudie

Eine Fallstudie ist eine „komplexe, ganzheitliche Analyse einer bestimmten Untersuchungseinheit" (Stieglitz 2008, 143 nach Häder 2006, 348ff.) mit dem Ziel einen komplexen Sachverhalt zu analysieren. Eine Untersuchungseinheit kann eine einzelne Person, Gruppe, Organisation, Gesellschaft oder eine Kultur sein, im Rahmen dieser Arbeit stellen die Lern- und Expertennetzwerke die Untersuchungseinheiten dar. Im Gegensatz zu einer Befragung oder einer Beobachtung, gibt es bei Fallstudien keine eigene Erhebungsmethode, auch lässt sich nur schwer eine Verallgemeinerung der gewonnenen Aussagen auf andere Fälle machen. (vgl. Stieglitz 2008, 143f.)

2.3. Das Geschäftsmodell der Virtual Community

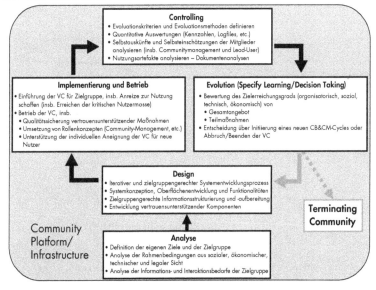

Abbildung 1 Das Community Engineering Modell
Quelle: Leimeister 2006, 421

Wie in Abbildung 1 zu sehen ist, müssen beim Aufbau einer Virtual Community mehrere Stationen durchlaufen werden. In der **Analysephase** geht es zunächst einmal um die Identifikation der Problemstellungen sowie der Ziele. Dies sollte mit großer Sorgfalt geschehen, weil es den Ausgangspunkt für weitere Überlegungen darstellt und somit unmittelbarer Erfolgsfaktor ist. Besondere Beachtung sollte hierbei den Rahmenbedingungen geschenkt werden, die sich unterteilen lassen in soziale, ökonomische, technische und legale

Faktoren. Nicht zu vergessen sind natürlich auch die Bedürfnisse der jeweiligen Zielgruppe, denn ein zentraler Aspekt liegt darin, die Rahmenbedingungen an die jeweiligen Erwartungen anzupassen. (vgl. Leimeister 2006, 420)

In der **Designphase** werden Designaspekte behandelt, dabei handelt es sich zum einen um den logischen Raum, also um Syntax und Semantik, wie zum Beispiel die Sprache. Zum anderen handelt es sich um das Kanalsystem, also das Kommunikationsmittel sowie die organisatorische Struktur der Community. Bei letzterem geht es um den sozialen Kontext, Rechte- und Rollenkonzepte. Auch die Usability des Systemdesigns sowie die Nutzenpotentiale sind von großer Bedeutung. (vgl. Leimeister 2006, 420)

Die **Implementierung und die Inbetriebnahme** einer Community weisen auch Besonderheiten auf. Der technology-use mediation-Ansatz besagt, dass eine noch so gute technische Unterstützung nur dann effektiv ist, wenn sie auch auf die Erwartungen und Bedürfnisse der Zielgruppe abgestimmt ist. Damit eine Community gut funktioniert, müssen auch Regelungen und Funktionsweisen eingeführt werden, dazu zählen zum Beispiel vertrauensunterstützende Komponenten und Anreizsysteme. (vgl. Leimeister 2006, 421)

Als letzten Schritt muss man das **Controlling und die Evolution** durchführen. In diesem Schritt muss kontrolliert werden, ob die einzelnen Teilnehmer die Virtual Community in der Weise nutzen, dass sie ihre eigenen Ziele erreichen bzw. dass ihre eigenen Ziele erfüllt werden. Dabei sollte auch auf eine Qualitätssicherung und das Wachsen der Community geachtet werden, was in diesem Zusammenhang als Daueraufgabe gesehen werden kann. (vgl. Leimeister 2006, 421)

3. Untersuchung anhand von Fallstudien

Im folgenden Kapitel sollen zwei Fallstudien vorgestellt werden, die als Ausprägungen von Virtual Communities angesehen werden können. Es handelt sich hierbei, wie bereits einleitend erwähnt, zum einen um ein Lernnetzwerk, zum anderen um ein Expertennetzwerk. Abbildung 2 zeigt die grundlegenden Aspekte und Charakteristiken beider Netzwerke, auf die in den Kapiteln 3.1. und 3.2. detaillierter eingegangen wird.

Merkmal	Lernnetzwerk: E-Business-Community	Expertennetzwerk: Finanzcommunity
Typ der PVC	Lernnetzwerk	Expertennetzwerk
Betreiber	Universität Potsdam	Börse Berlin AG
Technische Plattform	Wikisystem	Internet-Diskussionsforum
Untersuchungs- und Projektzeitraum	Start: Februar 2006, Ende: Juli 2006	Start: Januar 2006, Ende: nicht definiert (Projektzeitraum bis Juni 2007)
Mitgliederanzahl	Maximum (zugelassene Studierende): 23	Februar 2007: 350 Mitglieder Juni 2007: 720 Mitglieder
Themenfokus	E-Business	Wertpapierentwicklung, Börsenwesen
Zugangsart	Registrierung, begrenzt auf Seminarteilnehmer	Registrierung, offen zugänglich
Zielgruppe	Interessierte und Spezialisten des Themenfokus (Studierende)	Interessierte und Spezialisten des Themenfokus
Homogenität der Mitglieder	Stark ausgeprägt	Mittelmäßig ausgeprägt
Primäre Zielstellung des Betreibers	Erarbeitung und Austausch von Wissen unter den Teilnehmern	CRM (Kundenbindung, Öffentlichkeitsarbeit), Inhaltsanalyse
Umwelt, Rahmenbedingungen	Geringer Einfluss durch andere Communities, da Alleinstellungsmerkmal durch Einbindung in ein Seminar	Hoher Einfluss durch „konkurrierende" andere Communities, Relevanz rechtlicher Aspekte

Abbildung 2 Charakteristika der Lern- und Expertennetzwerke
Quelle: Stieglitz 2008, 140

Beide Fallstudien sollen anhand des unter Kapitel 2.3 vorgestellten Geschäftsmodells von Leimeister und Krcmar und der dort beschriebenen Phasen Analyse, Design, Implementierung und Betrieb, Controlling und Evolution untersucht werden.

3.1. Fallstudie: Lernnetzwerke

Die Fallstudie Lernnetzwerke stammt aus dem universitären Kontext an der Universität Potsdam. Das Lernnetzwerk ist einer Veranstaltung zum Thema „E Business und E-Commerce" zuzuordnen und daher sowohl in der Teilnehmerzahl, wie auch der Dauer begrenzt. Hierin liegt auch eine weitere Besonderheit, denn anstatt der sonst in sozialen Netzwerken herrschenden Anonymität, waren sich die Nutzer hier persönlich bekannt. (vgl. Stieglitz 2008, 139ff.)

In Abbildung 3 lässt sich die zeitliche Abfolge der Phasen bei der Durchführung des Lernnetzwerks erkennen. Die verschiedenen Phasen werden in den folgenden Unterkapiteln näher beschrieben. Bemerkenswert ist, dass sowohl Controlling wie auch Evolution schon in der Implementierungsphase einsetzen und den weiteren Verlauf dieser Phase beeinflussen. Hierdurch wird keine hierarchische Abfolge erzeugt, die verschiedenen Phasen greifen ineinander über.

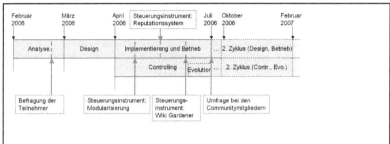

Abbildung 3 Untersuchungsdesign des Lernnetzwerks der Universität Potsdam
Quelle: Stieglitz 2008, 142

3.1.1. Analysephase

In der Analysephase muss die Problemstellung definiert werden, dies umfasst die Ziele der Community sowie die Rahmenbedingungen, aber auch der Informations- und Interaktionsbedarf gehört hierzu. (vgl. Stieglitz 2008, 145f.)

Die Problemstellung zu dieser Fallstudie wurde einleitend in Kapitel 3.1 erläutert und wird an dieser Stelle nicht noch einmal aufgegriffen.

Da vor allem im Rahmen von Lehrveranstaltungen der Einsatz von Technologien immer stärker an Bedeutung gewinnt, werden Lehrmaterialien und sonstige Informationen den Studierenden immer öfter online zur Verfügung gestellt. Jedoch soll die Vermittlung von Wissen nicht mehr nur vom Lehrenden an die Lernenden stattfinden, sondern auch innerhalb von Lerngruppen. Diese Lerngruppen müssen nicht immer in realen Situationen stattfinden, sie können auch virtuell erfolgen. Hierfür ist der Aufbau von virtuellen Lernnetzwerken erforderlich. **Ziel** ist eine verstärkte Interaktion der Kursteilnehmer und das Freisetzen von zusätzlichen Lerneffekten. Dies sollte im vorliegenden Fall erreicht werden, indem ein Wissenspool mittels einer Virtual Community erarbeitet werden sollte, der gegebenenfalls später auch als Datenbank dienen könnte. Dabei sollte es neben der Eingabe von Wissensinhalten auch die Möglichkeit von Kommentierungen und Verlinkungen geben. Um das System zu nutzen, musste man sich jedoch registrieren. Der Zugang war auf die

Seminarteilnehmer beschränkt, die demnach die **Zielgruppe** dargestellt haben. Indikator für die Bewertung des Erfolgs des Netzwerks sollte unter anderem die Anzahl der verfassten Beiträge sein. (vgl. Stieglitz 2008, 145ff.)

Um eine aktive Teilnahme zu gewährleisten, sollten schon gewisse Vorkenntnisse vorhanden sein. Informationsgrundlage bot eine **Umfrage** im Vorfeld der Veranstaltung. Innerhalb dieser Umfrage wurden Informationen zu den Erfahrungen der Teilnehmer hinsichtlich Online-Communities, E-Business und E-Commerce sowie allgemeinen Internettechnologien und Zugangsmöglichkeiten abgefragt. Die Tabelle 1 - Tabelle 4 im Anhang geben einen Überblick über die gestellten Fragen und die gegebenen Antworten. (vgl. Stieglitz 2008, 147ff.)

Wie man anhand der Befragung sieht, ist der Kenntnisstand der Veranstaltungsteilnehmer in Bezug auf Online-Communities sehr hoch. Ungefähr 80 Prozent sind selber Mitglied in einer Community. Auch hinsichtlich der Internettechnologien besteht ein hoher Kenntnisstand, knapp 50 Prozent haben schon Erfahrungen mit Wiki-Systemen gemacht. Eine weitere Frage bezog sich auf die Möglichkeiten Zugang zum Internet zu bekommen, dies spielt vor allem für die Aktivität bei der Beitragserstellung eine Rolle. So haben alle Studierenden Internetzugriff von zuhause, 75 Prozent auch von den Poolräumen der Universität. Zudem bestanden schon vermehrt Erfahrungen mit Bereichen des E-Commerce und E-Business, zum Beispiel beim privaten Internethandel oder der Behandlung des Themas im Rahmen von Lehrveranstaltungen.

In der Analysephase müssen auch die **rechtlichen oder ökonomischen Rahmenbedingungen** beachtet werden, im Rahmen dieser Fallstudie spielen sie jedoch nur eine untergeordnete Rolle, da nur ein eingeschränkter Zugang zur Community besteht und kein Wettbewerb herrscht. (vgl. Stieglitz 2008, 149)

Der **Interaktions- und Informationsbedarf** kann in diesem Fall als sehr hoch eingeschätzt werden, da innerhalb des Netzwerkes die Möglichkeit besteht bestimmte Begriffe und Inhalte aus verschiedenen Perspektiven zu betrachten und man so neue Einsichten findet. Zwar ist die Teilnahme an der Community auf freiwilliger Basis, die Studierenden könnten jedoch eine Verpflichtung verspüren, da es sich bei dem Seminar um eine benotete Veranstaltung handelt. So ist zu Beginn nicht klar definierbar, aus welchem Grund die Studierenden an der Community teilnehmen. (vgl. Stieglitz 2008, 149f.)

3.1.2. Designphase

In der Designphase werden grundlegende Gestaltungselemente festgelegt und umgesetzt, damit eine Anpassung an die Bedürfnisse der Teilnehmer stattfinden kann. So können die Funktionalitäten an die Teilnehmer angepasst werden, wie dies zum Beispiel bei der Wahl der zu benutzenden Software der Fall ist. Dies ist besonders wichtig, weil die **Wahl des Systems** Einfluss auf die Interaktionen der Teilnehmer hat. In einem ersten Schritt wurden verschiedene Systeme einander gegenüber gestellt und bewertet. (vgl. Stieglitz 2008, 150f.)

Wie aus Tabelle 5 im Anhang ersichtlich wird, wurden vier verschiedene Lösungssysteme betrachtet und anhand von verschiedenen Kriterien bewertet, unter anderem der Installations- und Anpassungsaufwand, die Bedienbarkeit und die Art und Weise, wie Wissen innerhalb der Software verwaltet und archiviert werden kann und wie sich dies auf die Generierung von gemeinschaftlichem Wissen auswirkt. Hierbei schnitt die Open-Source-Software Wiki am besten ab. Sie eignet sich zum kollaborativen Lernen, da neben dem Anlegen von Beiträgen auch das Bearbeiten und Kommentieren möglich ist. Zudem werden Beiträge nicht hierarchisch sortiert, sondern sind nach Stichworten sortiert, man kann sie daher als Wissenssammlungen bezeichnen.

Beim **Aufbau der Seite** haben die Dozenten viel wert darauf gelegt, dass der grobe Themenfokus auf der Startseite kommuniziert wird und hier keine Untergliederung stattfindet. (vgl. Stieglitz 2008, 153f.) Im weiteren Verlauf des Semesters wurde jedoch eine inhaltliche Untergliederung vorgenommen, so dass die beiden Bereiche des E-Business und des E-Commerce klarer abgegrenzt wurden. (vgl. Stieglitz 2008, 157)

3.1.3. Implementierungsphase und Betrieb

Die **Einführung** bei den Studierenden fand innerhalb der ersten Präsenzveranstaltung statt, eine Qualitätskontrolle sowie Moderation wurde nicht eingeführt, da davon ausgegangen wurde, dass unvollständige und fehlerhafte Beiträge durch Kommentare oder Ergänzungen korrigiert werden würden. So wurde auch kein differenziertes **Rollenkonzept** angewendet, alle Teilnehmer agieren mit den gleichen Rechten, was für Wiki-Systeme typisch ist. Lediglich der Systemadministrator verfügt über erweiterte Rechte. Wegen der fehlenden Anonymität gingen die Dozenten davon aus, dass es zu keinem Missbrauch kommt. Es gab daher zunächst keinen Wiki-Gardener, der Beiträge überprüft. Dieser wurde erst zum Ende des Semesters (nach 2 Monaten) als drittes Instrument eingeführt. Für diese Rolle wurde zufällig ein Student ausgewählt. Diese Entwicklung ist darauf zurückzuführen, dass sich einige Inhaltsbereiche schneller entwickelten als andere und bestimmte Inhaltsbereiche

getrennt voneinander behandelt wurden und es zu keinen Verlinkungen kam. (vgl. Stieglitz 2008, 154ff.)

Zuvor kam es in einem ersten Schritt zu der Einführung einer Initialstruktur durch erste Beiträge, die die Studenten zur Teilnahme motivieren sollte. In einem weiteren Schritt wurde ein Punktesystem eingeführt um die Aktivitäten der Teilnehmer zu messen. Für verfasste Beiträge bekamen die Studenten drei Punkte, Kommentierungen wurden mit einem Punkt belohnt. Dies sollte zum einen die Aktivität steigern und diese zum anderen auch belohnen, da es zu einer Steigerung des Ansehens führen kann. Darin kann man eines der Motive erkennen, das zur Teilnahme an der Community führt. (vgl. Stieglitz 2008, 155f.)

3.1.4. Controlling- und Evolutionsphase

Das Controlling ist ein elementarer Teil des Community-Engineering-Modells und soll die gesetzten Ziele evaluieren. In diesem Zusammenhang wurden zum einen quantitative Ziele, wie die Anzahl der Beiträge, zum anderen qualitative Ziele, wie der Bindungsgrad der Mitglieder untersucht. (vgl. Stieglitz 2008, 158)

Um die **quantitativen Ziele** zu evaluieren, wurden kontinuierlich die Beitragszahlen erhoben. In Abbildung 4 wird ersichtlich, wie sich die Beitragszahlen im Zeitverlauf verändert haben. Hierbei wird deutlich, dass zunächst keine Beiträge verfasst wurden. Erst durch die Initialisierung einer Struktur kam es zu einem leichten Anstieg. Die Einführung des Reputationssystems hatte einen großen Erfolg und so kam es in den folgenden Wochen zu einem dauerhaften und überproportionalen Anstieg der Beiträge. Durch die Einführung des Wiki-Gardeners als drittes Instrument konnte keine weitere Beschleunigung festgestellt werden.

Wie bereits erwähnt, muss neben der quantitativen Analyse auch eine **qualitative Auswertung** stattfinden. Hierfür wurde zum Ende des Semesters noch eine abschließende Befragung durchgeführt. Dabei sollten die verschiedenen Maßnahmen bewertet werden um eine Motivationsstruktur zu erhalten. Bei dieser quantitativen Auswertung wurde besonders auf den zeitversetzten Einsatz verschiedener Instrumente geachtet. (vgl. Stieglitz 2008, 159)

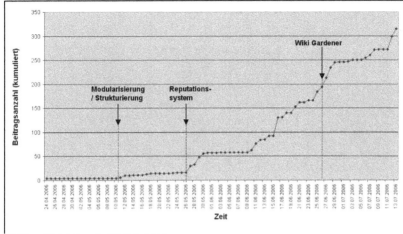

Abbildung 4 Entwicklung der Mitgliederbeiträge
Quelle: Stieglitz 2008, 159

An der abschließenden Befragung beteiligten sich noch 17 der 23 Teilnehmer und beantworteten die zehn sowohl offenen wie geschlossenen Fragen, die sich mit drei Themenblöcken beschäftigten. Neben der Meinung zum Wiki-System ging es noch um die eigene Motivation zur Teilnahme an der Community sowie einer Einschätzung des Lernerfolgs durch die Community. (vgl. Stieglitz 2008, 160f.)

Die Dozenten versuchten mittels der Umfrage mögliche Störfaktoren zu identifizieren um diese bei einer erneuten Durchführung bzw. Weiterführung zu eliminieren. Hierbei sollten die in der ersten Umfrage gewonnenen Schlussfolgerungen auf ihre Richtigkeit überprüft werden. Das Ergebnis bestätigte diese Annahmen. (vgl. Stieglitz 2008, 161)

Zehn der befragten Studierenden gaben an, dass die Verwendung des Wikis unkompliziert sei, nur ein Teilnehmer stufte es als kompliziert ein. Positiv wurde die Bereitstellung einer schriftlichen Anleitung gesehen, negativ die Handhabung einiger Funktionalitäten, wie das Einfügen von Tabellen oder Formatierungsmöglichkeiten. Ein weiterer Kritikpunkt lag in dem zunächst einmal leeren System, wodurch zunächst eine Hemmnis bestand Einträge zu erstellen. Auf dieses Problem hatten die Betreiber schon nach kurzer Zeit reagiert und einige Einträge angelegt, damit den Studierenden das Arbeiten mit dem Wiki einfacher fällt. Abschließend lässt sich sagen, dass jeder Teilnehmer Beiträge angelegt oder bearbeitet hat, auch inhaltliche Kategorisierungen wurden von der Mehrzahl der Studierenden

vorgenommen. Inhaltliche Diskussionen fanden hauptsächlich über Editierungen statt, aber auch Kommentierungen wurden vorgenommen. Dem Versenden privater Nachrichten kam nur eine untergeordnete Bedeutung zu. (vgl. Stieglitz 2008, 162f.)

Die meisten Studierenden schätzten ihre Aktivität als hoch bis sehr hoch ein, wie anhand der **Tabellen 6 und 7** im Anhang ersichtlich wird.

Darüber hinaus wurden Fragen zu den Motiven der Teilnahme gestellt, Tabelle 7 gibt hierüber Auskunft und macht deutlich, dass viele Studierende den Umgang mit einem Wiki-System lernen wollten, sich aber auch dazu verpflichtet fühlten, da die Community im Rahmen der Veranstaltung statt fand und hierdurch der freiwillige Charakter, der für Online Communities sonst typisch ist, wegfiel. Ein weiterer Grund lag in der Informationssuche. Aber auch der Wettbewerbsgedanke spielte eine besondere Rolle, nicht nur bei der Veröffentlichung von Wissen, sondern auch in dem Wunsch nicht als inaktiv zu gelten und einen vorderen Platz in der Rankingliste zu erhalten. Durch die Einführung der Rankingliste sollte auch eine Steigerung der Aktivität erreicht werden, die Befragung der Studierenden am Ende bestätigte die gewünschte Effektivität. Betrachtet man dann auch noch die in Abbildung 4 veranschaulichte Anzahl von Beiträgen in Abhängigkeit der verschiedenen Maßnahmen, erkennt man die Wirkungsstärke dieser Maßnahme. So gaben auch 88 Prozent der Teilnehmer an, dass die Einführung der Liste zu einer Steigerung ihrer Aktivität führte. (vgl. Stieglitz 2008, 164)

Dies wird auch durch die folgende Antwort eines Studierenden deutlich, der es als positiv empfand, dass er die Möglichkeit hatte *„Infos einzustellen, die über den Umfang der Hausarbeit hinausgehen, und somit 1) eigene Leistung zu demonstrieren und sich gegenüber den anderen Teilnehmern gut zu positionieren, 2) eigene Kenntnisse über das Themenbereich zu vertiefen und zu strukturieren."* (Stieglitz 2008, 164)

Neben der Aktivität spielte natürlich auch der Lernerfolg eine besondere Rolle. Das ein kollaborativer Ansatz gewährleistet ist, wird anhand folgender Aussagen deutlich. So sagte eine Studierende, dass man *„noch mal nachlesen [konnte], was die anderen Teilnehmer gemacht haben."* Ein anderer Studierender fand es gut, dass er *„auf den Beitrag eines Kommilitonen verweisen konnte, also eine Schnittmenge"* beider Themen bestand. (Stieglitz 2008, 166)

Nachteilig wirkte sich der erhöhte Zeitaufwand aus, der „das ganze Seminar noch zeitaufwendiger gemacht" hat. Zudem spürten viele Studierende einen erhöhten Druck und zögerten Inhalte einzustellen, die noch in Bearbeitung und daher noch nicht vollständig waren. Dennoch bewertete die Mehrzahl der Studierenden die Community positiv und hätte sich eine Fortführung gewünscht, damit die investierte Arbeit auch den nachfolgenden Studierenden zugänglich gemacht wird. So würden auch vier Studenten weiterhin aktiv in der Community agieren, zehn Studierende passiv die Entwicklungen verfolgen. (vgl. Stieglitz 2008, 166ff.)

Abschließend werden die Ergebnisse noch einmal betrachtet und Entscheidungen für einzelne Maßnahmen getroffen. Ein entscheidendes Ziel der Community war eine intensive Beteiligung, die im Laufe des Semesters auch durch verschiedene Maßnahmen erreicht wurde. Besonders erfolgreich war die Einführung der Rankingliste. (vgl. Stieglitz 2008, 168)

Aufgrund der positiven Ergebnisse der zweiten Umfrage entschieden die Dozenten das Wiki-System weiter zu betreiben und die Inhalte für spätere Kurse bereitzustellen. (vgl. Stieglitz 2008, 168)

3.2. Expertennetzwerke

Die Fallstudie "Expertennetzwerk: Finanzcommunity" wurde durch die Börse Berlin AG in Zusammenarbeit mit der Universität Potsdam aufgebaut und durchgeführt. Diese professionelle Finanzcommunity wurde im Finanzbereich etabliert. Aufbau und Betrieb der Virtual Community basieren auf dem in Abbildung 1 vorgestellten Modell und umfassen einen Zeitraum von Januar 2006 bis Januar 2007. Die einzelnen Phasen des Aufbaus und Betriebs dieser Community werden in Abbildung 5 dargestellt.

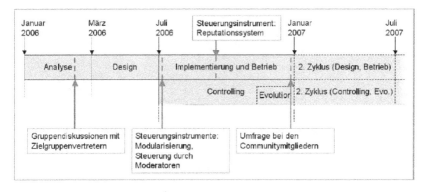

Abbildung 5: Untersuchungsdesign Fallstudie „Expertennetzwerk"
Quelle: Stieglitz 2008, 142

3.2.1. Analysephase

Die Analyse besteht aus der Zieldefinition, der Analyse von ökonomischen, technischen und sozialen Rahmenbedingungen sowie der Berücksichtigung des Informations- und Interaktionsbedarfes der Zielgruppe. (vgl. Stieglitz 2008, 145f.)

Ziele des Communityaufbaus sind in den Vorteilen der Communities für das Customer Relationship Management zu sehen. Im ersten Schritt wurden die zugrunde liegenden Probleme der Börse Berlin AG definiert. Das Hauptproblem bestand darin, dass der Kontakt zwischen Privatanlegern und der Börse Berlin AG als Betreiber eines Handelsplatzes für Wertpapiertransaktionen selten stattfand. Die Etablierung einer Virtual Community war ein möglicher Lösungsansatz, um den direkten Kontakt zu den Endkunden zu etablieren. Das Zielportfolio der Berlin Börse AG zur Etablierung einer Virtual Community beinhaltete die folgenden Punkte: (vgl. Stieglitz 2008, 176.)

- Die **Marktforschung** umfasste die Bildung von Nutzer- und Anlegerprofilen und die Analyse der Präferenzen der Communitymitglieder .

- Die **Kommunikationspolitik** umfasste die verstärkte Kundenbindung und Übermittlung von Produktinformationen an Kunden.

- Die **Markt- und Produktpolitik** umfasste die Unterstützung der Produktgestaltung durch Evolution der von Kunden generierten Beiträge und Berücksichtigung der Kundenbedürfnisse.

Die Zielgruppe bestand aus den Key-Account Kunden der Börse Berlin AG und Studierenden der Universität Potsdam. Durch Gruppendiskussionen wurden Vorschläge zur technischen Gestaltung, zu Serviceleistungen und Meinungen über das vorgestellte Konzept „Finanzcommunity" gesammelt und als Ergebnisse ausgewertet.

Die Analyse der Rahmenbedingungen umfasste Diskussionsforen, Finanzcommunities und Communities anderer Börsenplätze. Die Analyse zeigte die Mehrwerte von ähnlichen Communities. Diese Erkenntnisse wurden in den späteren Phasen Design und Implementierung der Finanzcommunity von Börse Berlin AG berücksichtigt. Von besonderer Bedeutung waren die rechtlichen Rahmenbedingungen. Die Sanktionen sowie Rechte der Mitglieder und Betreiber wurden in rechtlichen Rahmenbedingungen festgestellt.

Die Analyse des Informations- und Interaktionsbedarfs bestand darin, die Interessen der Nutzer sowie den Bedarf eines Wissens- und Erfahrungsaustausches ermitteln.

3.2.2. Designphase

In der Design-Phase werden die von den Communitymitgliedern gewonnenen Daten hinsichtlich der Softwareauswahl, Oberflächenentwicklung und inhaltlichen Strukturierung betrachtet.

Der zielgruppenorientierte Systementwicklungsprozess basiert auf den Erkenntnissen, die aus den Interviews und Diskussionen mit den Key-Account Kunden gewonnen wurden. Die Präferenzen der Kunden wurden bei den Entwicklungen in der Design-Phase berücksichtigt.

Die geeignete Software wurde nach ähnlichen Kriterien wie in der ersten Fallstudie in Kapitel 3.1. ausgewählt. So wurde ein Online-Forum gewählt, dessen Gestaltung den Ergebnissen der Evaluation von zehn auf dem Markt befindlichen Software-Lösungen folgte. Ausgewählt wurde ein Programm, das einen sehr hohen Freiheitsgrad in der Gestaltung und Steuerung aufweist. Die Oberfläche des Forums orientierte sich an dem Corporate Design der Börse Berlin AG.

Die ersten Themen im Forum wurden durch Experten der Börse Berlin AG aufgearbeitet. Die Informationsstrukturierung wurde den Bedürfnissen der Zielgruppen professionell angepasst. Die von den Mitgliedern selbst aufgebrachten Themen wurden später intensiv generiert. Der Themenfokus der Mitglieder umfasste die aktuellen Geschehnisse der Finanzmärkte.

Vertrauensunterstützende Komponenten sind vor allem die Verhaltensregeln des Forums, die als Steuerungsinstrument eingesetzt werden. Sanktionen müssen von Beginn an veröffentlicht worden sein, damit sie auch Geltung finden für die Veröffentlichung der Beiträge.

3.2.3. Implementierungs- und Betriebsphase

Die Implementierungs- und Betriebsphase umfasst die Einführung der Virtual Communities bei der Zielgruppe, die Sicherstellung der Beitragsqualität, die Umsetzung von Rollenkonzepten und eine aktive Mitgliedersteuerung.

Die Einführung der Virtual Community wurde über den Newsletter der Börse Berlin AG und durch einen Zeitungsartikel veröffentlicht. Später wurden Werbebanner in Finanzcommunities, wie beispielsweise Wallstreet Online, geschaltet.

Die Qualitätssicherung ist eine der wichtigsten Erfolgsfaktoren der Online Community. Qualitativ geringwertige Beiträge können dem Forum ein negatives Image verleihen. Wesentliches Instrument der Qualitätssicherung sind Moderatoren, deren Aufgabe aus der

Überwachung der Beiträge besteht. Daher wurden die Beiträge, die dem Zweck der Manipulation dienten, innerhalb weniger Minuten entfernt.

Für die Umsetzung gewisser Rechte und Aufgaben wurden verschiedene Rollen verteilt. (vgl. Stefan Stieglitz 2008, 186)

Die Aufgaben des **Administrators** bestehen aus der Strukturierung des Forums und dem Zugriff auf die hinter dem Forum liegenden Datenbanken. **Moderatoren** verfolgen die Hauptaufgabe alle im Forum befindlichen Beiträge zu pflegen und zu kontrollieren sowie aufkommende Fragen zu beantworten. Moderatoren haben auch die Möglichkeit, Beiträge zu löschen und zu verändern.

Mitglieder können unter der Berücksichtigung von Schreib- und Leserechten aktiv am Forum teilnehmen. Die Angabe von persönlichen Daten bei der Registrierung, wie beispielsweise der E-Mail-Adresse, ist Pflicht, um am Forum teilzunehmen zu können. **Gäste** sind Nutzer, die sich nicht im Forum registrieren wollen, sie können aber als Gäste agieren. Hierbei haben sie zwar Leserechte, aber keine Schreibrechte.

Die Mitgliedersteuerung durch Kooperation, Wettbewerb und Hierarchie ist ein wesentlicher Aspekt, der im Rahmen dieser Fallstudie für Abbildung 1 ergänzt werden muss. (vgl. Stefan Stieglitz 2008, 135) So ist die Steuerung der Mitglieder mit Hierarchie, Wettbewerb und Kooperation ein wesentlicher Teil des Community Managements in der Implementierungs- und Betriebsphase.

Der Wettbewerb unter Communitymitgliedern verstärkt die Motivation zur Beitragsleistung innerhalb der Gemeinschaft. Das Reputationssystem wurde in die technische Infrastruktur integriert. Ein aktives und nutzbringendes Mitglied kann mit „Signallings", Status und Symbolen die eigene Reputation bei anderen Mitgliedern erhöhen. Die Studien zeigen, dass der Wille Fachkenntnisse und Fähigkeiten im Forum zu zeigen meistens aus eigenen Interessen erfolgte um die Karriereaussichten zu verbessern.

Mit Hilfe des Reputationssystems bekommen die Mitglieder in Abhängigkeit von der Anzahl der eingestellten Beiträge ein Symbol (siehe Tabelle 8). Die Ränge innerhalb des Forums haben den Anreiz zur aktiven Teilnahme und zum Rangaufstieg.

Die eingestellte Initialstruktur wurde durch Mitglieder ergänzt und verändert. Die Teilnehmer haben eigene Themen nach eigenen Interessen generiert. Diese aktuellen Themen wurden von

den Mitgliedern der Börse Berlin AG aktiv diskutiert. Die Initialstruktur passte sich in späteren Phasen den Bedürfnissen der Mitglieder durch Kooperation mit ihnen an.

Ein weiteres Steuerungsinstrument des Forums ist die Hierarchie. Hierbei ist die Rolle der Moderatoren sowie die Einordnung der Rollen in der Struktur wichtig. So haben die Moderatoren auf die Fragen der Mitglieder geantwortet, unerwünschte Beiträge entfernt und Beiträge in bestimmte Richtung zu lenken versucht. Man muss feststellen, dass sich die Rolle der Moderatoren in den späteren Phasen geändert hat. Am Anfang war es wichtig, die kritische Masse zu erreichen. In späteren Phasen haben die Moderatoren die Themen nicht mehr selbst generiert, sondern die Mitglieder haben die Initiative übernommen, was nach dem Erreichen der kritischen Masse geschah.

3.2.4. Controlling- und Evolutionsphase

Die Phase des Controllings umfasst die Analyse der Kennziffern, zum einen Anzahl der eingebrachten Beiträge und zum anderen die Anzahl der registrierten Mitglieder. Außerdem werden Befragungen der Teilnehmer und Benchmarkinganalysen durchgeführt.

Durch Zeitreihenanalysen werden die Daten erfasst und analysiert. Die unterschiedlichen Mitglieder werden zu Gruppen sortiert und durch ihren Aktivitätsgrad untersucht. Es ist zu bestätigen, dass eine kleine Anzahl der Mitglieder den großen Anteil des Mehrwerts generiert. (Vgl. Stefan Stieglitz 2008, 190)

Wie **Abbildung 5** zeigt, war in den ersten sechs Monaten, von Mitte Juli 2006 bis Mitte Januar 2007, lediglich ein geringer Anstieg der Teilnehmerzahl um etwa 250 Personen zu beobachten. In den folgenden 4,5 Monaten stieg die Anzahl der Teilnehmer bis zum 24.05.2007 um 430 auf 680 Mitglieder. (Stefan Stieglitz 2008, 192)

Die Anzahl der Beiträge stieg mit der steigenden Anzahl der Mitglieder im Forum. So konnte festgestellt werden, dass im April 2007 die kritische Masse erreicht wurde, weil ab April 2007 die Anzahl der Beiträgen dynamisch wächst, obwohl die Anzahl der Mitglieder nicht so schnell gewachsen ist, wie in **Abbildung 6** zu sehen ist.

Netzwerkeffekte, Steuerungsinstrumente und Umweltanalyse sind die wesentlichen Bestandteile der Beobachtung in der Controllingphase.

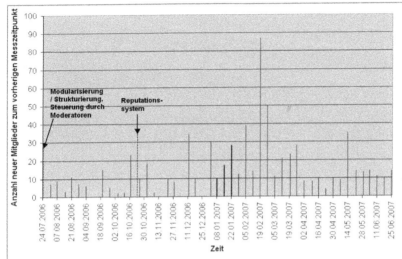

Abbildung 5. Zuwachs an Mitgliedern im Expertennetzwerk
Quelle: Stieglitz 2008, 192

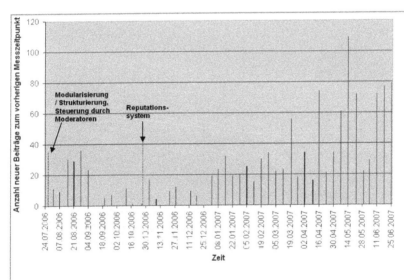

Abbildung 6 Zuwachs an Beiträgen im Expertennetzwerk
Quelle: Stieglitz 2008, 192

Die Analyse des Mitgliederverhaltens folgte der Gruppierung der Mitglieder unter aktive, sehr aktive und weniger aktive Mitglieder sowie unter passive Mitgliedern. Dabei wurde die Anzahl und die Qualität der Beiträge der gruppierten Mitglieder beobachtet. Beispielweise wurden häufig gelesene Beiträge oder die Anzahl der Antworten als Indikator für inhaltliche Themen der Community angesehen. Mit Hilfe von Fragebögen wurden die Mitglieder hinsichtlich der Aktivitäten im Forum, Nutzungsfreundlichkeit des Forums, Profil und Erfahrungshintergrund der Teilnehmer sowie der Wahrnehmung der Börse Berlin AG als Forumbetreiber befragt. Daraus resultierten die einzelnen Aktivitäten der Börse Berlin AG, die an die Kundenbindung und Aktivitätserhöhung der Mitglieder ausgerichtet waren. Des Weiteren wurden Maßnahmen ergriffen um die Benutzerfreundlichkeit des Forums zu verbessern.

Im Rahmen der Umweltanalyse wurden zwei Untersuchungen durchgeführt. Zum einen die Betrachtung etablierter Finanzcommunities und zum anderen die Betrachtung von Communities mit vergleichbaren Rahmenbedingungen.

Die Betrachtung der etablierten Finanzcommunities zeigte, dass sich das Expertennetzwerk der Börse Berlin AG mit dem Themenfokus „Finanzen und Wertpapierhandel" in einem Umfeld befindet, in dem bereits Communities mit großer Mitgliederanzahl existieren. Die Communities wie „Wallstreet online" oder „Aktienboard" haben eine sehr hohe Anzahl von Nutzern. Der steigende Wettbewerb und die Beobachtung der Umweltfaktoren verursachten verstärkte Öffentlichkeitsarbeit und Strategien zur Nischenbesetzung durch beispielsweise Spezialisierung auf bestimmte Themen im Forum der Börse Berlin AG, wie in **Tabelle 9** ersichtlich wird.

Die existierenden Finanzcommunities wurden nach unterschiedlichen Kriterien untersucht. Zu diesen Kriterien gehören die Anzahl der Nutzer und die Anzahl der Beiträge, die inhaltlichen Schwerpunkte, die zeitliche Entwicklung der Communities sowie Benutzerfreundlichkeit. Beispielsweise wurde festgestellt, dass einige Finanzcommunities durch zusätzliche Fernsehsendungen und Print-Medien einen Mehrwert für Mitglieder bieten, was zu den hohen Zugewinn der Mitglieder führte. (Stieglitz 2008, 211)

Die Evolutionsphase befasst sich mit der Bewertung der Controllingergebnisse. Die Evolutionsphase entscheidet, ob ein weiterer Zyklus durchgeführt werden soll oder nicht. Die Bewertungen umfassten die Mitglieder- und Beitragsentwicklung und die Ergebnisse der Befragung hinsichtlich der Wahrnehmung und Akzeptanz des Forums bei den Mitgliedern.

Die Bewertung des Zielerreichungsgrades bestand aus dem Zielportfolio der Börse Berlin AG, das zu Beginn erwähnt wurde. Als wesentlicher Bestandteil der Zielerreichung wurde die Zunahme der Mitglieder- und Beitragsanzahl angesehen. Die Instrumente der Kooperation, Hierarchie und Wettbewerb wurden als ausschlaggebende Faktoren bei der Zunahme der Mitgliederzahl sowie der Steigerung der Motivation zur Beitragserstellung eingeschätzt.

4. Fazit

4.1. Fazit zum Lernnetzwerk

Zusammenfassend lässt sich die Errichtung einer Online Community im Rahmen eines Seminars zum Thema „E-Business und E-Commerce" als sehr positiv ausweisen. Die 23 teilnehmenden Studierenden hatten so die Möglichkeit ein Wiki-System für kollaboratives Lernen zu nutzen und daraus von einem Lerneffekt zu profitieren.

Für eine abschließende Auswertung wurden zwei Informationsarten genutzt, zum einen quantitative Informationen, wie die Anzahl der Beiträge, zum anderen qualitative Informationen, die durch die beiden Umfragen erhoben wurden.

Die Fallstudie hat anschaulich gezeigt, dass man ein virtuelles Netzwerk aufgrund des Modells von Leimeister und Krcmar aufbauen kann, dessen Erfolg jedoch auch von bestimmten Anreizsystemen abhängig ist, im Fall des Lernnetzwerks war hier die Einführung der Rakingliste ausschlaggebend und führte zu einem starken Anstieg der Beitragszahlen. Ein weiterer entscheidender Faktor liegt, wie bereits in Kapitel 3.1. erwähnt, in dem Vorwissen und dem Erfahrungshintergrund der Teilnehmer.

In der Anfangsphase der Virtuellen Community wurden keine Beiträge erstellt, wodurch die Dozenten selbst einige Inhalte eingefügt haben, damit das Hemmnis der fehlenden Initialstruktur aufgehoben wurde. Es lässt sich daher sagen, dass eine gewisse Anzahl an Inhalten eine notwendige Bedingung darstellt.

Die beschriebene Fallstudie stellt einen Sonderfall der Virtual Community dar, da sich die Mitglieder hier untereinander bekannt sind, was die Wirksamkeit der Rankingliste noch einmal erhöht. Es lässt sich schlussfolgern, dass bei wachsender Anonymität der Mitglieder untereinander auch diese Wirksamkeit nachlässt.

Die Einführung des Wiki-Gardeners führte zu keinem signifikanten Anstieg des Beitragszahl, es muss jedoch erwähnt werden, dass der Betrachtungszeitraum dieser Maßnahme nur sehr kurz war und daher nicht in vollem Umfang betrachtet werden konnte.

Abschließend kann man sagen, dass die eingesetzten Maßnahmen zu einem Anstieg geführt haben, die Übertragbarkeit dieses Modells mitsamt seiner Maßnahmen auf andere Communities jedoch fraglich ist, da hier durch die fehlende Anonymität eine besondere Situation vorliegt.

4.2. Fazit zum Expertennetzwerk

Die Online-Community der Börse Berlin AG wurde nach dem Steuerungs- und Vorgehensmodell des Community Engineerings aufgebaut. Die systematische Entwicklung der Community basierte auf den einzelnen Phasen des Zyklus, also Analyse und Design, Implementierung und Betrieb, sowie Controlling und Evaluation.

Im Laufe der Zyklen wurden die Erfolgsfaktoren und Problemfelder bestimmt. Besondere Bedeutung gewinnen hier die Umweltfaktoren. Ein starker Wettbewerb durch andere Virtual Communities hat einen Zugewinn an Mitgliedern erschwert. Weiterhin wurde festgestellt, dass Einschränkungen in der Freiheit der Mitglieder die Motivation zur Beitragserstellung verringert haben.

Die Steuerungsinstrumente Hierarchie und Kooperation wurden erfolgreich eingesetzt, was das Erreichen von Netzwerkeffekten in kurzer Zeit ermöglichte. Die Moderatoren waren am Ende des ersten Zyklus nicht sehr aktiv und eingeschränkt. Es wurden Kooperationen zwischen den Teilnehmern bevorzugt. So haben die Teilnehmer mehr Freiheit bekommen und die Motivation zur Beitragsleistung wurde erhöht.

Der Struktur der Inhalte wurde an die Interessen der Community-Mitglieder angepasst. Es fand somit eine Modularisierung der Inhalte statt, die es Mitgliedern erleichterte, interessante Punkte zu finden und an bestehenden Themen anzuknüpfen.

Die Rolle der Netzwerkeffekten ist beim Erfolg der Virtual Communities sehr wichtig. Wenn die kritische Masse nicht erreicht wird, wird die Existenz der Community beendet. Die Fallstudie zeigte, dass der Einsatz der richtigen Steuerungsinstrumente das Erreichen der kritischen Masse erleichtern kann.

IV. Anhang

Welche Erfahrungen haben Sie mit Online-Communities? [Mehrfachnennungen möglich]		
Antwort	Anzahl	Anteil
Mitglied einer Online-Community	18	78,26 %
Thema im Rahmen von Lehrveranstaltungen	9	39,13 %
Keine Erfahrungen	2	8,70 %
Keine Antwort	0	0,00 %

Tabelle 1 Erfahrungen der Studenten mit Online-Communities

Mit welchen Internettechnologien haben Sie bereits Erfahrungen? [Mehrfachnennungen möglich]		
Antwort	Anzahl	Anteil
Foren	22	95,65 %
Chat	20	86,96 %
Blog	15	65,22 %
Wiki	11	47,83 %
Instant Messanger	16	69,57 %
Keine Erfahrungen	0	0,00 %
Keine Antwort	0	0,00 %

Tabelle 2 Erfahrungen der Studenten mit Internettechnologien

Welche Möglichkeiten des Internetzugangs stehen Ihnen zur Verfügung? [Mehrfachnennungen möglich]		
Antwort	Anzahl	Anteil
Poolräume der Universität	17	73,91 %
WLAN der Universität	11	47,83 %
Privater Internetanschluss am Wohnort	23	100,00 %
Kein Internetzugang	0	0,00 %
Keine Antwort	0	0,00 %

Tabelle 3 Zugriffsmöglichkeiten der Studenten auf das Internet

Inwiefern haben Sie bereits Erfahrungen im Bereich E-Business und E-Commerce? [Mehrfachnennungen möglich]		
Antwort	Anzahl	Anteil
Privater Internethandel	20	86,96 %
Beruflich	8	34,78 %
Thema im Rahmen von Lehrveranstaltungen	19	82,61 %
Keine Erfahrungen	0	0,00 %
Keine Antwort	0	0,00 %

Tabelle 4 Erfahrungen der Studenten mit E-Business und E-Commerce

Quelle Tabellen 1-4: Stieglitz 2008, 147ff.

Bewertung verschiedener Softwarelösungen als technische Plattform eines Lernnetzwerks				
Kriterium	Lernmanage-mentsystem (Moodle[796])	Internetforum (Invision Po-wer Board[797])	Wiki (Tikiwiki[798])	Weblog (blog.de[799])
Geringer Installations- und Customizingaufwand	+	++	+++	+++
Einfache Bedienbarkeit	+	+++	++	++
Förderung kollaborativen Lernens	+++	++	++	+
Wissensverwaltung / -archivierung	+++	++	+++	+

Tabelle 5 Analyse der verschiedenen Software-Lösungen
Quelle: Stieglitz 2008, 152

Wie schätzen Sie Ihre Aktivität im Wiki ein?		
Antwort	Anzahl	Anteil
Sehr aktiv	6	35,29%
Mittelmäßig aktiv	8	47,06%
Geringe Aktivität	3	17,65%
Keine Antwort	0	0,00%

Tabelle 6 Selbsteinschätzung der Studierenden hinsichtlich ihrer Aktivität
Quelle: Stieglitz 2008, 163

Was waren Ihre Hauptmotive zur Beteiligung im Wiki? [3 Antworten möglich]		
Antwort	Anzahl	Anteil
Umgang mit dem System lernen	12	70,59%
Verpflichtung im Rahmen des Seminars	12	70,59%
Veröffentlichung von Wissen	4	23,53%
Informationssuche	6	35,29%
Platz in der Rankingliste	5	29,41%
Erwartung eine gute Zensur zu erhalten	3	17,65%
Wunsch nicht als inaktiv innerhalb der Gruppe angesehen zu werden	4	23,53%
Wunsch, das Wiki zu einem Erfolg zu machen	4	23,53%
Keine Antwort	0	0,00%

Tabelle 7 Motive zur Beteiligung am Wiki-System
Quelle: Stieglitz 2008, 164

Rang	Mindestanzahl von Beiträgen zum Erreichen des Rangs
Neues Mitglied (blaues Symbol)	0
Aktives Mitglied (grünes Symbol)	20
Bronzenes Mitglied (oranges Symbol)	60
Silbernes Mitglied (silbernes Symbol)	100
Goldenes Mitglied (gelbes Symbol)	150

Tabelle 8 Ränge innerhalb des Forums
Quelle: Stieglitz 2008, S.188

Community	Börse Berlin-Forum[937]	Forum Finanzen[938]	Cash-Forum[939]	BWL-Forum[940]	Know Library Forum[941]
Gründung	Juli 2006	August 2006	April 2006	Dezember 2005	Juni 2006
Mitglieder-anzahl	214	58	540	82	47
Beitragsan-zahl	417	434	7500	163	117
Themenfokus	CSR. Aktuelles	Off-Topic. Versicher-ungen	Schweizer Aktien	Insolvenzen	Informatik. BWL
Besonderhei-ten und An-gebotsportfo-lio	Moderation. Expertenbe-reich und -chats	Spam-probleme	Integriert in ein Gesamt-portfolio: Im-mobilien. Aktuelles. RSS-Feeds	Finanzierung durch Wer-bung. Allge-meine BWL-Themen. Linklisten	Spamproble-me. unmode-rierte Diskus-sionen

Tabelle 9.Analyse des Expertennetzwerks im Vergleich zu anderen
Quelle: Stieglitz 2008, S.210

V. Literatur

Häder, M. (2006): Empirische Sozialforschung. VS Verlag für Sozialwissenschaften, Wiesbaden.

Leimeister, J. M. (2003): Das Geschäftsmodell der „Virtual Community" – Revisited in: Produktentwicklung mit virtuellen Communities, Hrsg. Sander, J.G., Gabler Verlag, Wiesbaden, 45-67

Leimeister, J. M. und H. Krcmar (2006): Community Engineering – Systematischer Aufbau und Betrieb virtueller Communitys im Gesundheitswesen in: Wirtschaftsinformatik, Vol. 48, S. 418-429

Statistisches Bundesamt (2008): IFA 2008: 27 Millionen Menschen kaufen über das Internet ein, Pressemitteilung Nr. 316 vom 28.08.2008, http://www.destatis.de/jetspeed/portal/cms/Sites/destatis/Internet/DE/Presse/pm/2008/08/PD0 8__316__63931,templateId=renderPrint.psml [10.01.2010]

Statistisches Bundesamt (2009): 73% der privaten Haushalte haben einen Internetzugang, Pressemitteilung Nr. 464 vom 03.12.2009, http://www.destatis.de/jetspeed/portal/cms/Sites/destatis/Internet/DE/Presse/pm/2009/12/PD0 9__464__IKT,templateId=renderPrint.psml [10.01.2010]

Stieglitz, S. (2008): Steuerung Virtueller Communities. Instrumente, Mechanismen, Wirkungszusammenhänge, unter: http://deposit.ddb.de/cgi-bin/dokserv?idn=988036150&dok_var=d1&dok_ext=pdf&filename=988036150.pdf [19.01.2010]